AF453031

ORDONNANCE
DU ROI,

Concernant le Régiment Royal - Italien.

Du 26 Avril 1775.

DE PAR LE ROI.

SA MAJESTÉ ayant jugé utile au bien de son service de donner à son régiment Royal-Italien une composition plus solide, & de l'assimiler au reste de son Infanterie, a ordonné & ordonne ce qui suit:

ARTICLE PREMIER.

LE régiment d'Infanterie Françoise de Tournaisis sera supprimé, & les neuf Compagnies qui le composent seront incorporées dans le régiment Royal d'Infanterie Italienne, lequel, au moyen de cette incorporation, sera composé à l'avenir de deux bataillons, divisés chacun en

A

neuf compagnies, dont une de Grenadiers & huit de Fuſiliers.

2.

CHACUNE des compagnies de Grenadiers ſera, ſoit en temps de paix, ſoit en temps de guerre, commandée par un Capitaine, un Lieutenant & un Sous-lieutenant, & compoſée d'un Fourrier, de deux Sergens, quatre Caporaux, quatre Appointés, quarante Grenadiers & un Tambour.

Les quatre Caporaux, les quatre Appointés & les quarante Grenadiers ſeront diſtribués en quatre eſcouades de douze hommes chacune, dont un Caporal & un Appointé. La première & la troiſième de ces eſcouades formeront la première diviſion, à laquelle ſera attaché le premier Sergent. La ſeconde & la quatrième eſcouades formeront la ſeconde diviſion, à laquelle ſera attaché le ſecond Sergent. La première diviſion ſera ſubordonnée au Lieutenant, la ſeconde au Sous-lieutenant. Ces deux Officiers en rendront compte tous les jours au Capitaine, qui en répondra au Major, le Major au Colonel, en ſon abſence, au Colonel-commandant, &, en l'abſence de celui-ci, au Lieutenant-colonel.

3.

L'INTENTION de Sa Majeſté eſt que les Grenadiers qui viendront à manquer, continuent d'être remplacés ſur le champ par les compagnies de Fuſiliers, chacune à leur tour, en choiſiſſant les plus beaux hommes & ceux dont la bonne conduite & la valeur mériteront la préférence.

4.

CHACUNE des compagnies de Fuſiliers ſera commandée, en tout temps, par un Capitaine, un Lieutenant & un Sous-lieutenant, & compofée, en temps de paix, d'un Fourrier, trois Sergens, fix Caporaux, fix Appointés, quarante-deux Fufiliers, deux Tambours, Fifres ou Clarinets; de manière que dans quatre Compagnies il y ait un Tambour & un Clarinet ou Fifre, & dans les quatre autres, deux Tambours fans Clarinets ni Fifres : l'intention de Sa Majefté étant qu'il n'y ait jamais plus de quatre Muficiens par bataillon.

Sa Majefté donnera fes ordres, à la première augmentation qu'Elle jugera à propos de faire dans fon Infanterie, pour créer un Sergent, deux Caporaux & deux Appointés; de façon qu'alors chaque compagnie de Fufiliers fe trouvant commandée par le même nombre d'Officiers, foit compofée d'un Fourrier, quatre Sergens, huit Caporaux, huit Appointés, du nombre de Fufiliers que Sa Majefté fe réferve de fixer, & deux Tambours, Clarinets ou Fifres, divifés en huit efcouades.

5.

CHAQUE compagnie de Fufiliers, fur le pied de foixante hommes réglé pour le temps de paix par l'article précédent, fera divifée en fix efcouades compofées chacune de neuf hommes, dont un Caporal & un Appointé. Les Fufiliers feront rangés en bataille, par rang de taille, chacun dans leur Compagnie.

La première & la quatrième efcouades formeront une première fubdivifion, à laquelle fera attaché le premier Sergent. La feconde & la cinquième efcouades formeront une feconde fubdivifion, à laquelle fera attaché le fecond Sergent; & la troifième & fixième efcouades formeront la troisième subdivision, à laquelle sera attaché le troisième Sergent. Ces différentes subdivisions seront commandées par le Lieutenant & le Sous-lieutenant. Ces deux Officiers en rendront compte tous les jours au Capitaine ou Chef de bataillon, qui en répondra au Major, le Major au Colonel, en son absence, au Colonel-commandant, &, en l'absence de celui-ci, au Lieutenant-colonel.

L'intention de Sa Majesté étant d'ailleurs que l'Aide-major de chaque bataillon rende compte au Colonel-commandant & au Lieutenant-colonel, lorsque, le Colonel étant présent, le compte ne leur sera pas rendu par le Major; Elle veut également, lorsque le Colonel-commandant commandera le Régiment, que l'Aide-major de chaque bataillon rende compte au Lieutenant-colonel.

6.

SA MAJESTÉ ayant jugé à propos d'établir des Chefs de bataillons dans chacun des bataillons de son Infanterie Françoise & Etrangère, par son Ordonnance du 28 Juin 1774, & voulant expliquer ses intentions sur le grade & les prérogatives desdits Chefs de bataillons, a réglé qu'ils seront reçus en cette qualité, à la tête de leur bataillon, par le Commandant du Régiment.

Qu'ils seront exempts du service de Capitaine, & commandés comme Officiers supérieurs pour la discipline intérieure du Régiment. Ils seront alors accompagnés par un Sous-aide-major.

L'ordre leur sera porté par le Sous - aide - major de leur bataillon, & l'Aide-major leur rendra compte, à la parade, de ce qui se sera passé dans leur bataillon ; ce qui ne difpenfera pas lefdits Chefs de bataillons , ainfi que les autres Capitaines, de rendre un compte direct de leur Compagnie au Major , jufqu'à ce que Sa Majefté ait jugé a propos d'y nommer des Capitaines-commandans, conformément à l'Ordonnance du 28 Juin 1774.

Lefdits Chefs de bataillons feront fubordonnés à tous Lieutenans-colonels & Major titulaires.

L'intention de Sa Majefté étant d'ailleurs qu'ils portent pour marque diftinctive une épaulette avec une frange fimple, & non à nœuds de cordelières, en or aux épaulettes d'argent, & en argent aux épaulettes d'or, & qu'au furplus les difpofitions de fon Ordonnance du 28 Juin 1774, pour leur établiffement, foient exécutées en tout ce qui ne fera pas contraire à ce qui eft réglé ci-deffus.

7.

L'Etat - major dudit Régiment fera compofé d'un Colonel, un Colonel - commandant lorfque le Colonel fera Officier général, un Lieutenant-colonel, un Major , de deux Chefs de bataillons, deux Aides-major, deux Sous-aides-major, quatre Porte-drapeaux, un Quartier-maître , un Aumônier , un Chirurgien, un Tambour-major & un Armurier.

8.

Sa Majesté fe réferve , comme dans les régimens d'Infanterie Françoife, la nomination des charges de Lieutenant-colonel & de Major , qu'Elle choifira parmi ceux des Capitaines de ce Régiment indiftinctement qu'Elle jugera devoir mériter cet avancement.

Voulant bien cependant Sa Majefté , que les Officiers du régiment de Tournaifis puiffent être nommés à

des emplois fupérieurs dans fes régimens d'Infanterie Françoife, lorfqu'ils s'en rendront fuceptibles par la diftinction
de leurs fervices.

9.

L'INCONVÉNIENT qui réfulte du commandement
établi dans l'Infanterie, par ancienneté de Régiment, a
déterminé Sa Majefté à l'abolir, & à régler que le commandement appartiendra à l'avenir dans toute l'Infanterie
aux plus anciens Officiers, fuivant la date de leurs lettres
ou commiffions : dans le cas feulement où deux ou plufieurs Officiers fe trouveroient être de même date, alors
celui du plus ancien Régiment prendra le commandement.

10.

EN conféquence de cette nouvelle difpofition, les
Capitaines de Grenadiers ne pourront prétendre au commandement, à l'exclufion des Capitaines de Fufiliers,
que l'orfqu'ils fe trouveront les plus anciens de date de
commiffion de Capitaine.

11.

VEUT Sa Majefté qu'il en foit ufé de même entre les Co-
lonels, Colonels-commandans, Lieutenans-colonels, Ma-
jors & Chefs de bataillons, qui ne pourront prétendre
à l'avenir au commandement dans leurs grades refpectifs,
qu'en vertu de la date de leurs commiffions, lettres ou
brevets, & réclamer ledit commandement fur le rang de
leurs Régimens dans l'Infanterie, que dans le cas feulement où ils fe trouveroient de même date.

12.

SA MAJESTÉ veut bien permettre que, pendant la paix,

il foit accordé deux emplois de Sous-lieutenans furnu-
méraires fans appointemens, par bataillon, fans que ce
nombre puiffe être augmenté.

13.

L'INTENTION de Sa Majefté eft que les Fourriers,
Sergens, Caporaux & Fufiliers continuent à faire le
fervice comme ci-devant, & à commander entr'eux fuivant le rang du Régiment dans lequel ils ferviront, & fans
avoir égard à leur ancienneté perfonnelle.

14.

SA MAJESTÉ n'entend rien changer à ce qui a été réglé
par l'Ordonnance du 21 Décembre 1762, concernant le
régiment Royal-Italien, fur le rang & l'autorité des différens grades des Officiers & Bas-officiers defdits Régimens, qui doit être fuivi en tout ce qui ne fe trouvera pas
contraire aux difpofitions de la préfente Ordonnance.

15.

VOULANT Sa Majefté expliquer fes intentions fur le
choix des Bas-officiers, Elle a réglé que :

Lorfqu'il vaquera une place de Fourrier de Grenadiers,
celui qui devra la remplir fera choifi dans le nombre
des Sergens de Grenadiers, ou de ceux des compagnies
de Fufiliers.

Lorfqu'il vaquera une place de Sergent de Grenadiers,
il fera choifi dans le nombre des Caporaux de Grenadiers, ou dans celui des Sergens de Fufiliers.

Et lorfqu'il vaquera une place de Caporal de Grenadiers, il fera choifi dans le nombre des Grenadiers, ou
des Caporaux des compagnies de Fufiliers qui auront été
tirés précédemment defdites compagnies de Grenadiers.

A iv

16.

On se conformera, pour le choix des Fourriers, Sergens & Caporaux des compagnies de Fusiliers, aux dispositions des articles 38, 39 & 40 de ladite Ordonnance du 21 Décembre 1762, à la réserve cependant des Fourriers, qui seront choisis dans le nombre des Sergens; l'Ordonnance du 13 Août 1765 attribuant auxdits Fourriers l'autorité supérieure sur tous les Sergens.

17.

Le Tambour-major continuera à avoir l'autorité & à veiller sur la conduite des Tambours & des Clarinets ou Fifres; mais Sa Majesté veut encore que les Fourriers, Sergens & Caporaux de chaque Compagnie veillent également sur la conduite des Tambours, Clarinets ou Fifres de leur Compagnie, de même que sur celle des Soldats, & que lesdits Tambours & Musiciens vivent en chambrée dans leur Compagnie, & qu'ils y couchent.

18.

L'établissement d'un quartier d'assemblée pour les Recrues, réglé par l'article 20 de l'Ordonnance du 21 Décembre 1762, & conformément à l'Ordonnance du premier Février 1763 concernant les Recrues des régimens d'Infanterie Etrangère, continuera à avoir lieu. Cependant Sa Majesté ayant jugé à propos de porter le régiment Royal-Italien à deux bataillons, le dépôt dudit Régiment sera composé à l'avenir, en temps de paix, d'un Capitaine ou d'un Lieutenant, & il aura sous ses ordres deux Sergens & quatre Caporaux ou anciens Soldats propres à faire des recrues. Ledit dépôt fera compofé, en temps de guerre, d'un Capitaine ou Lieutenant avec un Sous - lieutenant, trois Sergens & fix Caporaux ou anciens Soldats.

I9.

SA MAJESTÉ ayant jugé à propos de régler une paye de paix & une paye de guerre à fes régimens d'Infanterie, en conféquence Elle veut que les appointemens & folde foient payés audit régiment de Royal-Italien, fur le pied;

SAVOIR:

COMPAGNIES de Grenadiers.	EN TEMPS DE PAIX.			EN TEMPS DE GUERRE.		
	Par jour.	Par mois.	Par an.	Par jour.	Par mois.	Par an.
	l. f. d.	l. f. d.	l.	l. f. d.	l. f. d.	l.
Au Capitaine de Grenadiers, fix livres en temps de paix, & fept livres treize fous quatre deniers en temps de guerre, ci.	6	180	2160	7 13 4	230	2760
Au Lieutenant, deux livres dix fous en temps de paix, & trois livres fix fous huit deniers en temps de guerre, ci.	2 10	75	900	3 6 8	100	1200
Au Sous – lieutenant, une livre treize fous quatre deniers en temps de paix, & deux livres dix fous en temps de guerre, ci.	1 13 4	50	600	2 10	75	900
Au Fourrier, treize fous quatre deniers en temps de paix, & treize fous huit deniers en temps de guerre, ci.	13 4	20	240	13 8	20 10	246
A chaque Sergent, douze fous quatre deniers en temps de paix, & douze fous huit deniers en temps de guerre, ci.	12 4	18 10	222	12 8	19	228
A chaque Caporal, huit fous huit deniers en temps de paix, & neuf fous en temps de guerre, ci	8 8	13	156	9	13 10	162
A chaque Appointé, fept fous huit deniers en temps de paix, & huit fous en temps de guerre, ci	7 8	11 10	138	8	12	144
A chaque Grenadier & Tambour, fix fous huit deniers en temps de paix, & fept fous en temps de guerre, ci	6 8	10	120	7	10 10	126
Compagnies de Fufiliers.						
Au premier Capitaine de Fufiliers de chaque bataillon, fix livres en temps de paix, & fept livres treize fous quatre deniers en temps de guerre, ci	6	180	2160	7 13 4	230	2760

| | EN TEMPS DE PAIX | | | | | | EN TEMPS DE GUERRE | | | | | |
	Par jour			Par mois			Par an	Par jour			Par mois			Par an
	l.	f.	d.	l.	f.	d.	l.	l.	f.	d.	l.	f.	d.	l.
Aux fecond & troifième Capitaines de Fufiliers de chaque bataillon, cinq livres dix fous en temps de paix, & fept livres trois fous quatre deniers en temps de guerre, ci .	5	10		165			1980	7	3	4	215			2580
A chacun des autres Capitaines de Fufiliers, cinq livres en temps de paix, & fix livres treize fous quatre deniers en temps de guerre, ci	5			150			1800	6	13	4	200			2400
A chaque Lieutenant, une livre treize fous quatre deniers en temps de paix, & deux livres quinze fous fix deniers deux tiers en temps de guerre, ci.	1	13	4	50			600	2	15	$6\frac{2}{3}$	83	6	8	1000
A chaque Sous-lieutenant, une livre dix fous en temps de paix, & deux livres quatre fous cinq deniers un tiers en temps de guerre, ci . . . . , ...	1	10		45			540	2	4	$5\frac{1}{3}$	66	13	4	800
A chaque Fourrier, douze fous quatre deniers en temps de paix, & douze fous huit deniers en temps de guerre, ci		12	4	18	10		222		12	8	19.			228
A chaque Sergent, onze fous quatre deniers en temps de paix, & onze fous huit deniers en temps de guerre, ci		11	4	17			204		11	8	17	10		210
A chaque Caporal, fept fous huit deniers en temps de paix, & huit fous en temps de guerre, ci		7	8	11	10		138		8		12			144
A chaque Appointé, fix fous huit deniers en temps de paix, & fept fous en temps de guerre, ci		6	8	10			120		7		10	10		126
A chaque Fufilier ou Tambour, cinq fous huit deniers en temps de paix, & fix fous en temps de guerre, ci . . . . , ...		5	8	8	10		102		6		9			108
A chaque Fifre ou Clarinet, fix fous huit deniers en temps de paix, & fept fous en temps de guerre, ci		6	8	10			120		7		10	10		126

Etat-major.

	Par jour			Par mois			Par an	Par jour			Par mois			Par an
Au Colonel, indépendamment de fes appointemens de Capitaine, vingt-huit livres fix fous huit deniers en tout temps, ci. . .	28	6	8	850			10200	28	6	8	850			10200
Au Colonel-commandant, lorfqu'il exiftera, feize livres treize fous quatre deniers en temps de paix, & vingt-cinq livres en en temps de guerre, ci.	16	13	4	500			6000	25			750			9000
Au Lieutenant-colonel, indépendamment de fes appointemens de Capitaine, quatre livres quatorze fous cinq deniers un tiers en temps de paix, & huit livres fix fous huit deniers en temps de guerre, ci. ,	4	14	$5\frac{1}{3}$	141	13	4	1700	8	6	8	250			3000
Au Major, huit livres en temps de paix, & onze livres deux fous deux deniers deux tiers en temps de guerre, ci	8			240			2880	11	2	$2\frac{2}{3}$	133	6	8	4000

	En temps de paix.							En temps de guerre.						
	Par jour.			Par mois.			Par an.	Par jour.			Par mois.			Par an.
	l.	s.	d.	l.	s.	d.	l.	l.	s.	d.	l.	s.	d.	l.
A chaque Chef de bataillon, six livres treize sous quatre deniers en temps de paix, & huit livres deux sous deux deniers deux tiers en temps de guerre, ci	6	13	4	200			2400	8	2	$2\frac{2}{3}$	283	6	8	3400
A chaque Aide-major avec commission de Capitaine, cinq livres en temps de paix, & six livres treize sous quatre deniers en temps de guerre, ci	5			150			1800	6	13	4	200			2400
A chaque Aide-major sans commission de Capitaine, trois livres six sous huit deniers en temps de paix, & cinq livres en temps de guerre, ci	3	6	8	100			1200	5			150			1800
A chaque Sous-aide-major, une livre treize sous quatre deniers en temps de paix, & trois livres six sous huit deniers en temps de guerre, ci	1	13	4	50			600	3	6	8	100			1200
A chaque Porte-drapeau, une livre dix sous en temps de paix, & deux livres quatre sous cinq deniers un tiers en temps de guerre, ci	1	10		45			540	2	4	$5\frac{1}{3}$	66	13	4	800
Au Quartier-maître, une livre dix sous en temps de paix, & deux livres quatre sous cinq deniers un tiers en temps de guerre, ci	1	10		45			540	2	4	$5\frac{1}{3}$	66	13	4	800
A l'Officier chargé de la Caisse, une livre treize sous quatre deniers en tout temps, ci	1	13	4	50			600	1	13	4	50			600
Au Tambour-major, quatorze sous en tout temps, ci		14		21			252		14		21			252
A l'Aumônier, une livre treize sous quatre deniers en temps de paix, & deux livres cinq sous six deniers deux tiers en temps de guerre, ci	1	13	4	50			600	2	5	$6\frac{2}{3}$	68	6	8	820
Au Chirurgien, une livre sept sous neuf deniers un tiers en temps de paix, & deux livres en temps de guerre, ci	1	7	$9\frac{1}{3}$	41	13	4	500	2			60			720

Officiers & Bas-officiers Recruteurs.

	Par jour.			Par mois.			Par an.	Par jour.			Par mois.			Par an.
Au Capitaine, cinq livres en tout temps, ci	5			150			1800	5			150			1800
Au Lieutenant, trois livres six sous huit deniers en tout temps, ci	3	6	8	100			1200	3	6	8	100			1200
Au Sous-lieutenant, deux livres en tout temps, ci	2			60			720	2			60			720
A chaque Sergent, une livre en tout temps, ci	1			30			360	1			30			360
A chaque Caporal, quinze sous en tout temps, ci		15		22	10		270		15		22	10		270

Voulant Sa Majesté que la paye de guerre ne soit donnée audit Régiment, que quand il servira en campagne, à commencer du jour de son arrivée à l'armée, jusqu'à celui de son départ de l'armée pour rentrer dans le Royaume, & que, lorsqu'il demeurera en garnison dans le Royaume pendant la guerre, il ne touche que la paye réglée pour le temps de paix.

20.

L'INTENTION de Sa Majesté est que, comme il a été réglé précédemment, les Aides-major qui auront la commission de Capitaine, concourent, d'après la date de ladite commission, avec les autres Capitaines, pour jouir du supplément d'appointemens qui est accordé aux Capitaines de la première & de la seconde classe, dont ils feront nombre.

21.

LA retenue pour l'entretien du linge & chaussure continuera d'avoir lieu, ainsi qu'elle est réglée par l'article 27 de l'Ordonnance du 21 Décembre 1762.

22.

VEUT au surplus Sa Majesté que les dispositions qui ont été faites par ladite Ordonnance, ou postérieurement, pour la Masse de l'habillement, pour la Masse des Recrues, & pour celle des six livres pour chaque homme par an destinée aux réparations journalières, aient leur entière exécution.

L'intention de Sa Majesté étant que, sur ladite Masse de six livres, il soit donné à chaque Tambour une haute-paye de deux fous par jour, au moyen de laquelle lefdits Tambours feront tenus d'entretenir leur caiffe de peaux & de cordages, & de fe fournir de baguettes.

23.

Sa Majesté ayant reconnu l'utilité d'entretenir un Maître-armurier à la fuite de l'Etat - major de chaque Régiment, pour pourvoir aux réparations des armes, a réglé que ledit Maître-armurier fera engagé au moins pour deux ans, & affujetti aux peines portées par les Ordonnances; il ne fera nombre dans aucune Compagnie, & jouira de douze livres par mois, qui lui tiendront lieu d'engagement, laquelle fomme fera prife fur la Maffe des fix livres.

24.

Pour parvenir à la nouvelle compofition prefcrite par la préfente Ordonnance, l'Infpecteur qui fera chargé de fon exécution fera mettre chaque Régiment fous les armes, après avoir pris les ordres du Gouverneur ou Commandant de la province ou de la place où lefdits Régimens fe trouveront, & en préfence du Commiffaire des guerres qui en aura la police.

25.

Il fera une revue exacte de chacun defdits Régimens, par laquelle il conftatera le nombre d'Officiers, de Bas-officiers & Soldats dont lefdits Régimens feront compofés ; & le Commiffaire des guerres fera auffi la fienne, pour fervir au payement de chacun defdits Régimens jufqu'au jour de la nouvelle compofition exclufivement.

26.

L'Inspecteur ordonnera, de la part de Sa Majesté, aux Colonel, Lieutenant-colonel & Major du régiment de Tournaisis, qui doit être incorporé dans celui de Royal-Italien, de quitter le commandement dudit Régiment. Il ordonnera le mélange des Compagnies des deux bataillons, suivant l'ancienneté des Capitaines qui se trouveront les commander, & il complettera les Bas-officiers & les compagnies de Grenadiers.

Le Chef de bataillon & le Capitaine de Grenadiers seront conservés, dans le cas même où, après l'incorporation, il se trouveroit des Capitaines dans le même Régiment dont les commissions seroient d'une date antérieure à celle desdits Chef de bataillon & Capitaine de Grenadiers; mais ce dernier ne pourra parvenir à l'emploi de Chef de bataillon, que suivant son rang d'ancienneté dans le Régiment.

Le Quartier-maître & le Tambour-major du régiment Royal-Italien devant être conservés, l'intention de Sa Majesté est que le Quartier-maître du régiment de Tournaisis soit entretenu à la suite du Régiment en qualité de Lieutenant, qu'il jouisse du traitement qui lui est attribué, & qu'il soit remplacé à la première Lieutenance qui viendra à vaquer. Le Tambour-major dudit régiment de Tournaisis sera également conservé en qualité de Tambour-major surnuméraire, jusqu'à ce qu'il puisse être remplacé, & continuera de jouir de la solde réglée pour son grade.

A l'égard de l'Aumônier & du Chirurgien dudit Régiment incorporé, qui fe trouveront fans emplois, Sa Majefté veut qu'ils foient, par préférence à tous autres, remplacés dans les Régimens qui feront dédoublés. L'Infpecteur réunira les différentes Maffes des deux Régimens, & en dreffera un état détaillé.

27.

S'IL fe trouvoit des Capitaines dont les commiffions fuffent de même date, l'Infpecteur établira leur rang fuivant leur ancienneté dans le grade de Lieutenant, & en cas d'égalité, fuivant leur ancienneté dans le grade de Sous-lieutenant; & fi toutes leurs lettres fe trouvoient de même date, alors le Capitaine du Régiment qui recevra l'incorporation, fera préféré.

Il en fera ufé de même pour les Lieutenans, Sous-lieutenans & Porte-drapeaux.

28.

LEDIT Infpecteur procédera enfuite à faire dreffer un contrôle de tous les Officiers qui compoferont le Régiment, contenant leurs noms, furnoms, les dates & les lieux de leurs naiffances, le détail de leurs fervices, l'époque de leurs différens grades, enfin tous les détails qui pourront faire connoître leurs fervices, leurs mœurs & leurs talens.

29.

APRÈS que ces différentes opérations feront terminées, l'Infpecteur fera dreffer les contrôles, par Compagnie, des hommes qui les compoferont, contenant leurs noms, furnoms, fignalement, le lieu & la date de leur naiffance, leur grade, l'époque de leur engagement, & il adreffera des doubles de ces contrôles au Secrétaire d'Etat ayant le département de la Guerre.

30.

L'INTENTION de Sa Majefté étant que les Officiers, Bas-officiers, Grenadiers & Soldats qui compoferont par la fuite le régiment Royal-Italien, foient de nation Italienne, & voulant feulement que ceux qui compofent actuellement le régiment de Tournaifis, incorporé dans ledit régiment Royal-Italien, y continuent le temps de leur fervice, Elle défend très-expreffément aux Officiers dudit Régiment de rengager aucuns Soldats François; voulant bien cependant Sa Majefté avoir égard à l'ancienneté des Bas-officiers dudit Régiment & aux Soldats qui ont contracté un troifième engagement, ainfi qu'à la perte qu'ils feroient de leur rang en paffant dans un autre Régiment. Elle permet de conferver dans ledit régiment Royal-Italien, lefdits Bas-officiers & les Soldats qui auront contracté un troifième engagement: ordonne au furplus Sa Majefté d'expédier des congés abfolus, exactement après l'expiration de leur engagement ou rengagement, à tous les Soldats qui n'auront pas feize ans de fervice, & défend aux Officiers dudit Régiment d'y recevoir à l'avenir, fous quelque prétexte que ce puiffe être, aucun homme né dans les provinces de fa domination; enjoignant au Commiffaire des guerres qui par la fuite aura la police dudit Régiment, de faire délivrer fur le champ le congé abfolu à ceux qui fe trouveront dans l'un des cas expliqués ci-deffus; déclarant

Sa Majesté tout engagement ou rengament contracté dans pareil cas, nul & comme non avenu.

31.

Les Bas-officiers, Grenadiers ou Soldats François qui, conformément à l'article précédent, auront obtenu leurs congés abfolus après avoir fini le terme de leurs engagemens ou rengagemens, & qui voudront continuer leurs fervices, pourront fe rengager dans un Régiment François à leur choix; & Sa Majesté veut qu'ils foient fufceptibles des avantages accordés à l'ancienneté de fervice par l'Ordonnance du 16 Avril 1771, aux mêmes époques que s'ils n'avoient point changé de Régiment, pourvu toutefois qu'ils n'excèdent point le terme de fix mois entre la date de l'expédition de leurs congés abfolu & celle du nouvel engagement qu'ils contracteront.

32.

En conféquence des difpofitions ci-deffus, Sa Majesté a réglé que les Sous-lieutenances qui viendront à vaquer par la fuite dans ledit régiment Royal-Italien, ne pourront être remplies que par des Italiens; enjoignant Sa Majesté au Colonel dudit régiment de n'en point propofer d'autres.

33.

Sa Majesté fera connoître fes intentions fur les uniformes de fes régimens d'Infanterie, par un Réglement particulier.

34.

Il fera dreffé, par le Commiffaire des guerres qui fera préfent à l'exécution de la préfente Ordonnance, un procès-verbal de la nouvelle compofition dudit Régiment, qui y eft prefcrite : Voulant Sa Majefté que la folde & les différens traitemens réglés aient lieu, à commencer du jour & de la date dudit procès-verbal, dont il fera remis un double, figné dudit Commiffaire des guerres, au Tréforier; voulant auffi Sa Majefté qu'il en foit envoyé un double au Secrétaire d'Etat ayant le département de la Guerre.

35.

SA MAJESTÉ connoiffant l'utilité dont les Chirurgiens font aux Corps où ils fervent, & voulant les y attacher de plus en plus en leur affurant un fort, lorfque leur âge ou leurs infirmités les mettront hors d'état de fervir, a bien voulu régler que tout Chirurgien qui aura fervi dans un ou plufieurs Régimens l'efpace de vingt-quatre ans révolus, & qui ne pourra plus continuer fes fervices, obtiendra, fur le compte qui en fera rendu par l'Infpecteur au Secrétaire d'Etat ayant le département de la Guerre, une penfion de retraite de 400 liv. qui lui fera affignée fur l'Extraordinaire des guerres ; & que ladite penfion de retraite fera portée à 600 liv. s'il a continué fes fervices pendant trente ans fans interruption.

36.

VOULANT au furplus Sa Majefté, que les Ordonnances & Réglemens précédemment rendus foient exécutés en tout ce qui ne fera pas contraire à la préfente.

MANDE & ordonne Sa Majefté aux Officiers généraux ayant commandement fur fes Troupes, aux Gouverneurs & Lieutenans généraux dans fes provinces,

aux Gouverneurs & Commandans de ſes villes & pla-
ces, aux Inſpecteurs généraux de ſes Troupes d'Infanterie, aux Intendans dans ſes provinces & ſur ſes fron-
tières, aux Commiſſaires des guerres & à tous autres ſes
Officiers qu'il appartiendra, de tenir la main à l'exécution de la préſente Ordonnance.

FAIT à Verſailles le vingt - ſix Avril mil ſept cent
ſoixante - quinze. *Signé* LOUIS. *Et plus bas*, LE
MARÉCHAL DE FELIX DU MUY.

A VERSAILLES,

DE L'IMPRIMERIE DU ROI. DÉPARTEMENT DE LA GUERRE.

M. DCCLXXV.

www.ingramcontent.com/pod-product-compliance
Lightning Source LLC
LaVergne TN
LVHW012158170726
843503LV00009B/4258